Inhaltsverzeichnis

Zahlen bis 20

1

2

Zehner	Einer
1	2

Zehner	Einer

3

Zehner	Einer

Zehner	Einer

4

Z	E

Z	E

5

Z	E

Z	E

6

Z	E

Z	E

7

Z	E

Z	E

1 Erzählen zum Bild. Dann Zahlen mit Einer-/Zehnerkarten (Beilage) legen und Zehner und Einer eintragen.
2 bis 7 Zehner und Einer eintragen. Gegebenenfalls auch mit Einer-/Zehnerkarten legen.

1

2

20

20

3

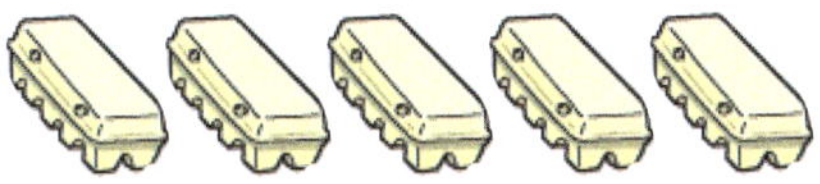

1 Vorschlag zum Handeln: Eier in Eierkartons bündeln. Vollen Zehnerkarton schließen. Einer-/Zehnerkarten passend zum Bild legen. 2 und 3 Einer-/Zehnerkarten (Beilage) legen, dann Zahl schreiben.

Zehnerzahlen bis 100

1 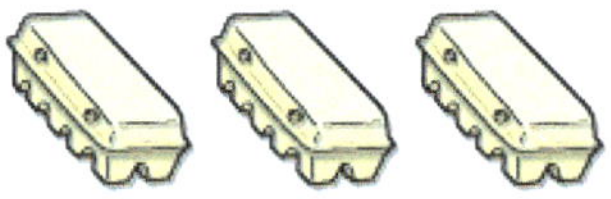

Zehner Einer

3 0 | 30

2 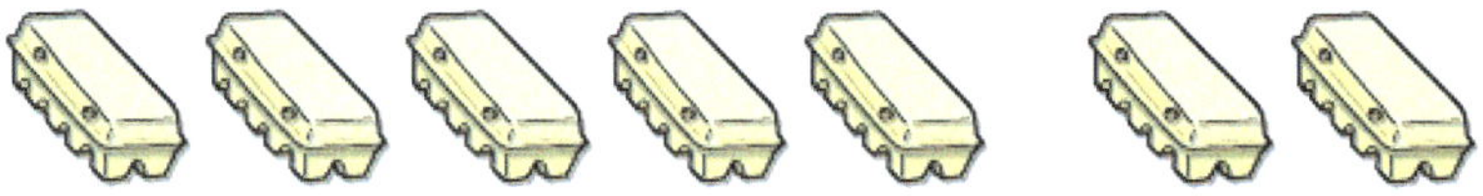

Z E

3 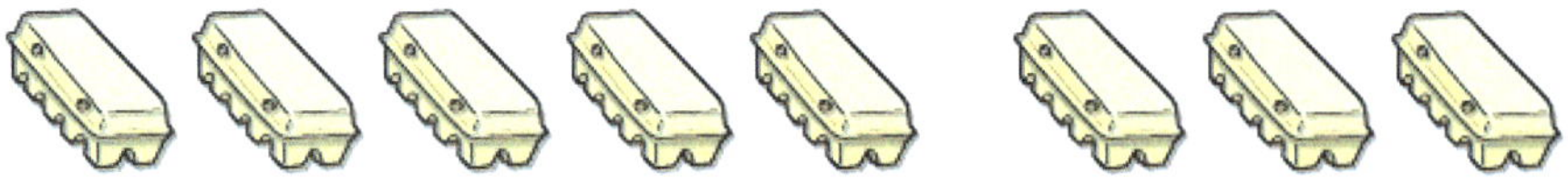

Z E

4 

Z E

5 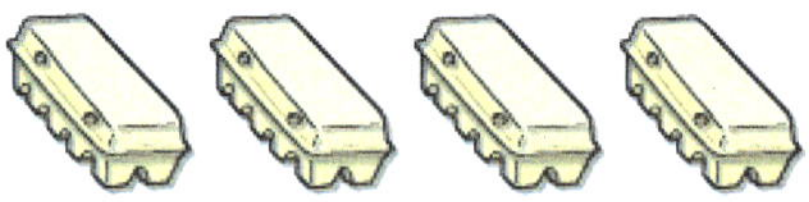

Z E

6 

Z E

7 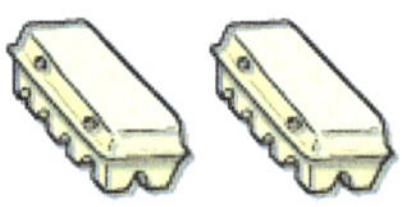

Z E

8 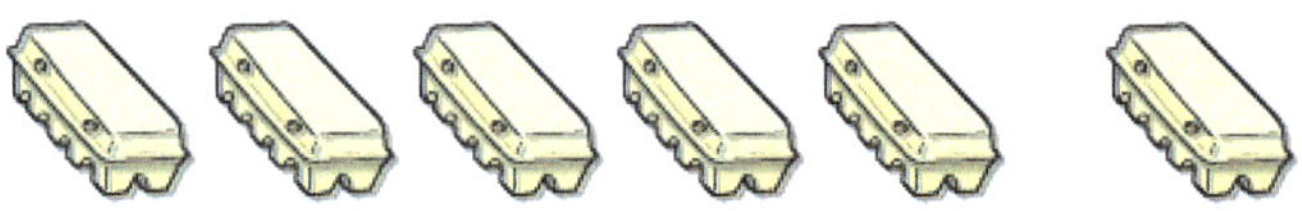

Z E

1 bis 8 Zehner und Einer eintragen, dann Zahl schreiben.

1

Z	E
1	0

Z	E
1	0

2

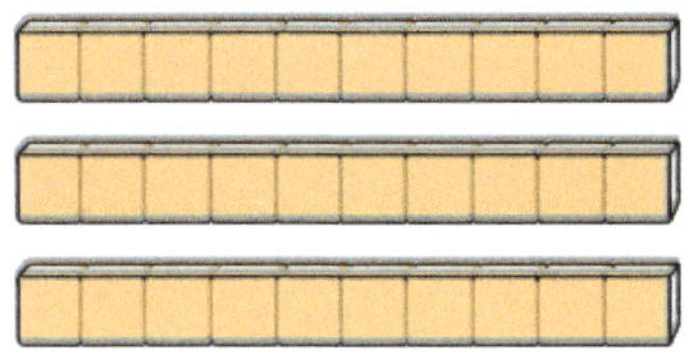

3

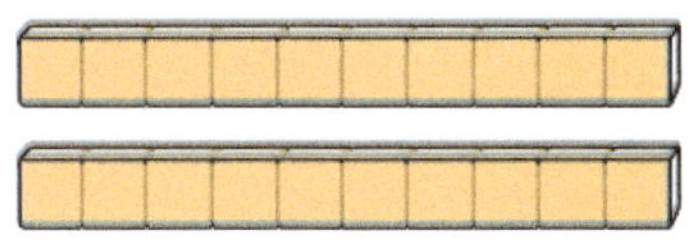

4

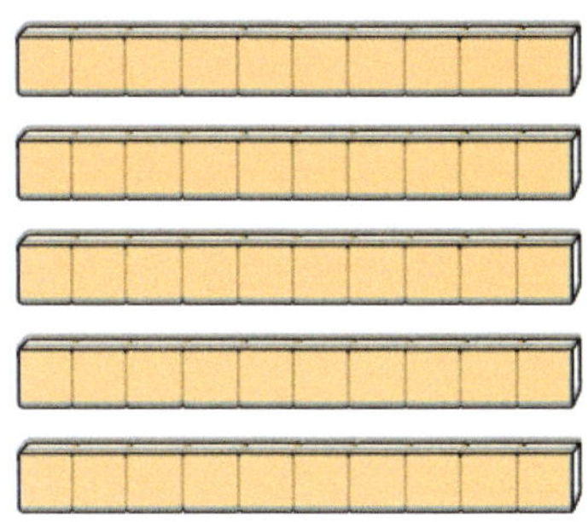

5

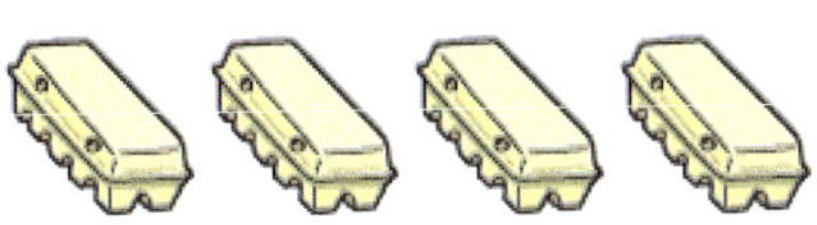

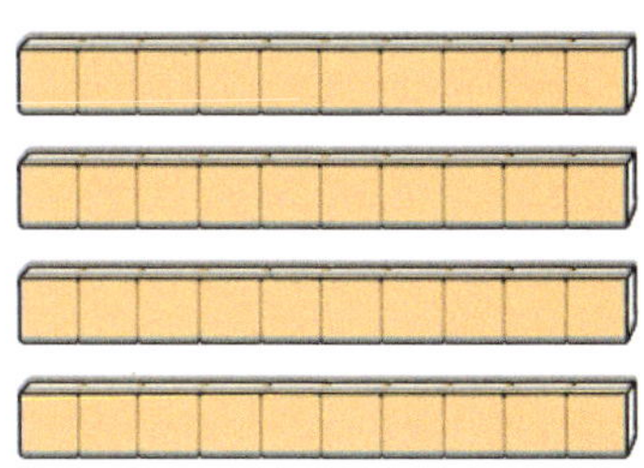

1 Zum Bild erzählen. Eierkartons und Zehnerstangen vergleichen. Zahl schreiben.
2 bis 4 Eierkartons und Zehnerstangen vergleichen. Zahlen schreiben.

Was gehört zusammen?

1

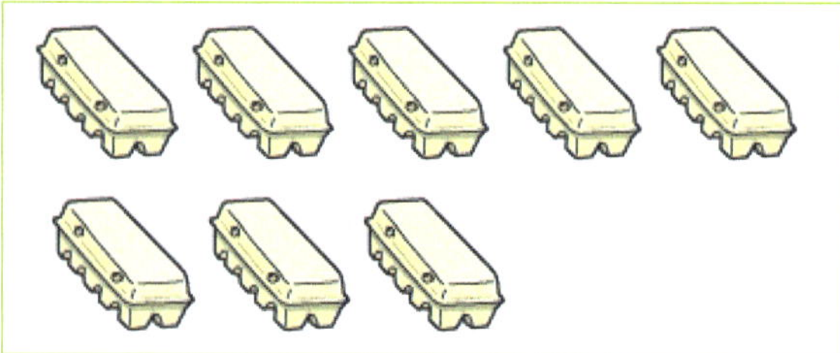

80

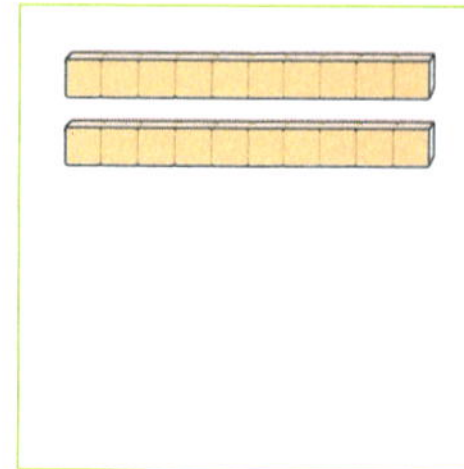

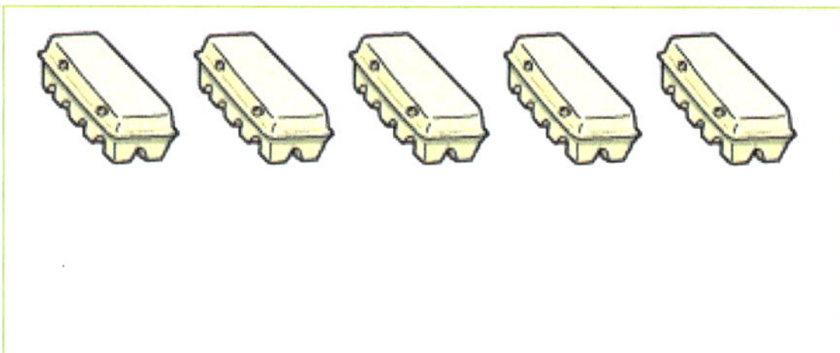

20

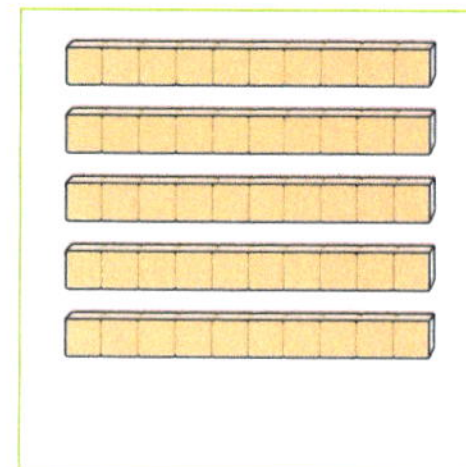

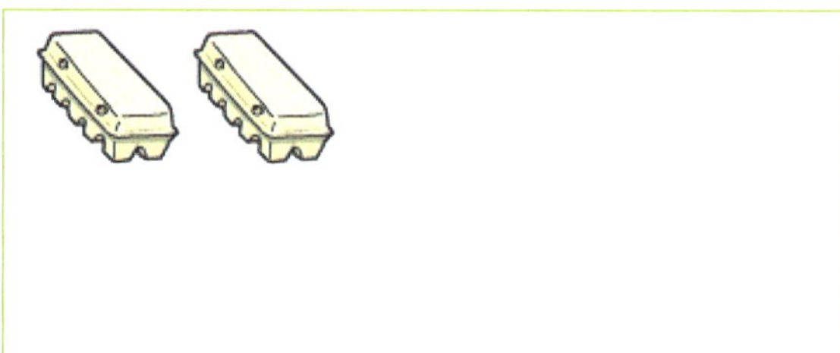

50

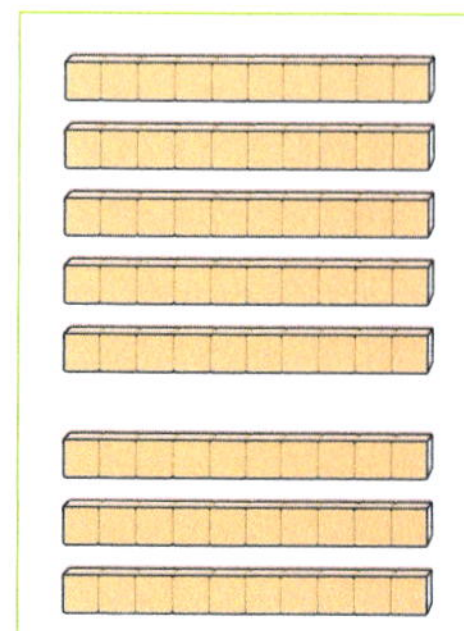

2

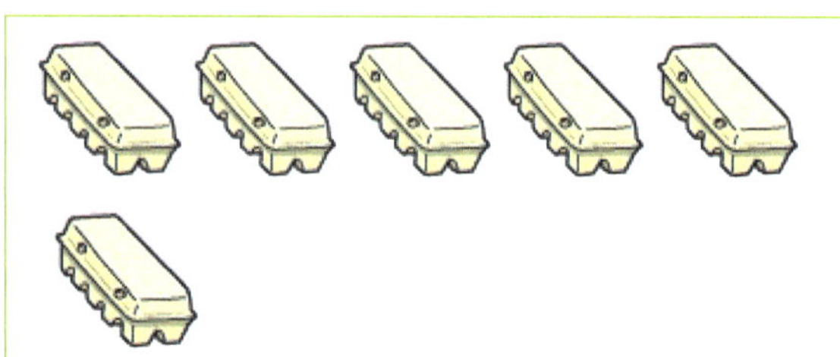

60

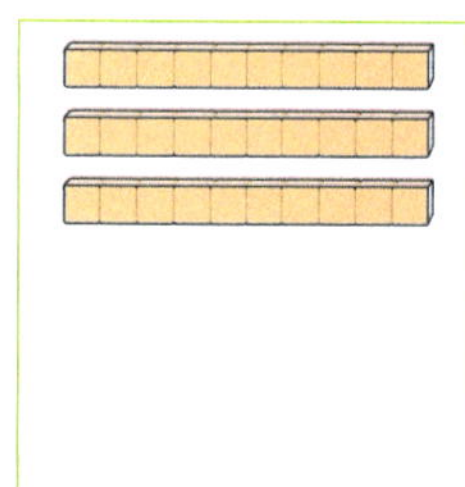

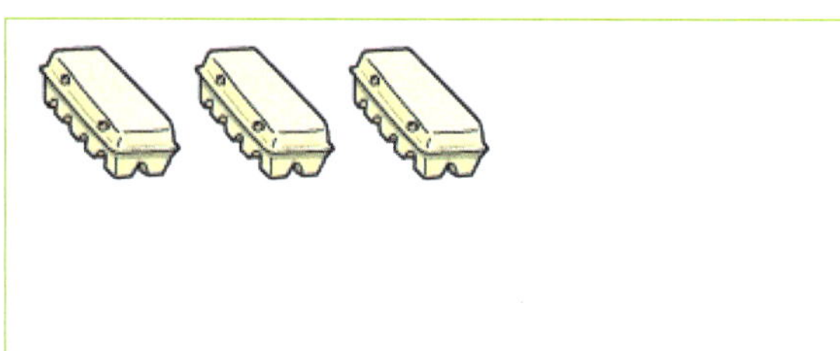

10

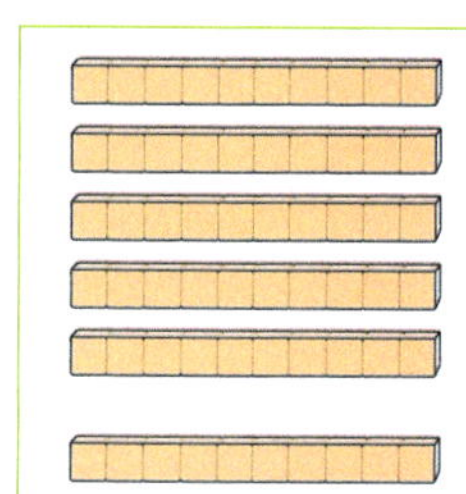

30

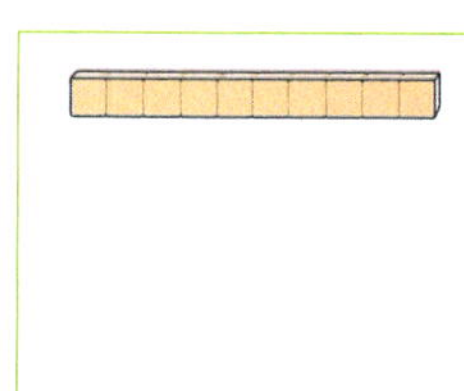

1 und 2 Zehnerkartons mit Zahlen und Zehnerstangen passend verbinden.

1

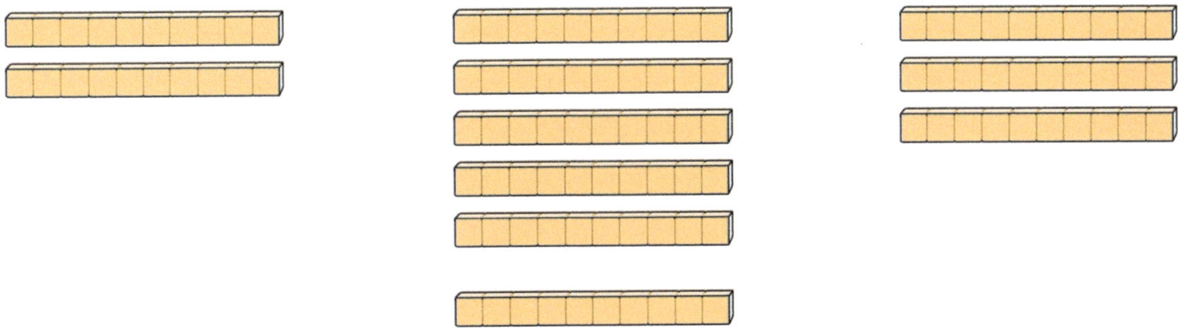

Z E
2 0

Z E

Z E

2

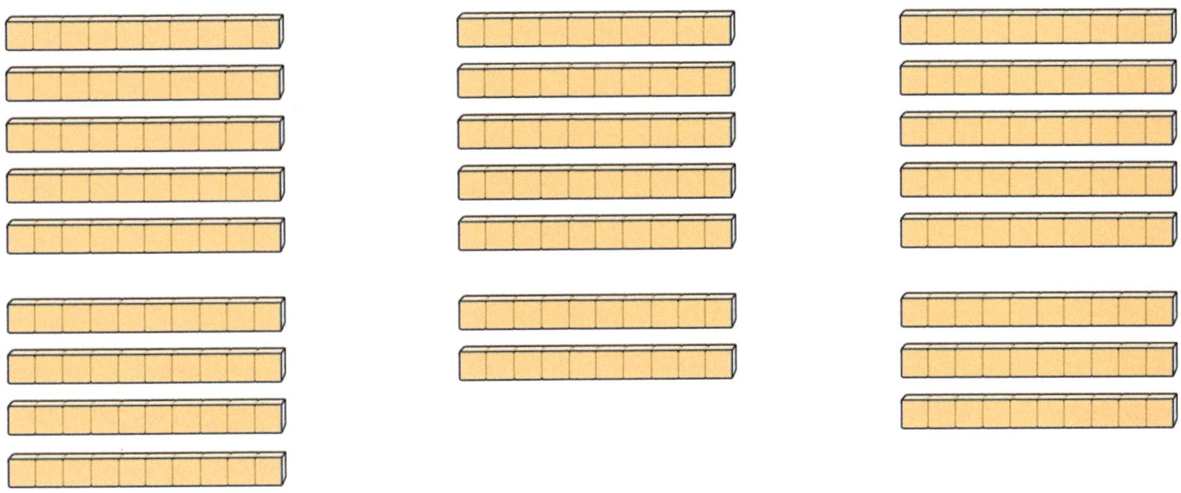

Z E

Z E

Z E

3

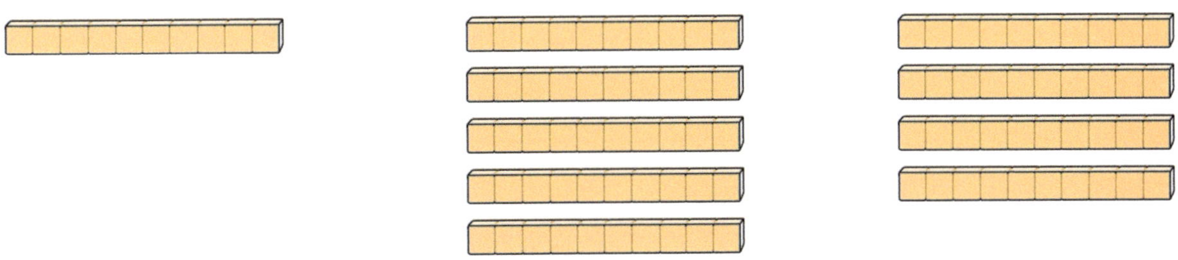

Z E

Z E

Z E

1 bis 3 Zehnerzahlen aufschreiben.

Zehnerstangen und Geheimschrift

1

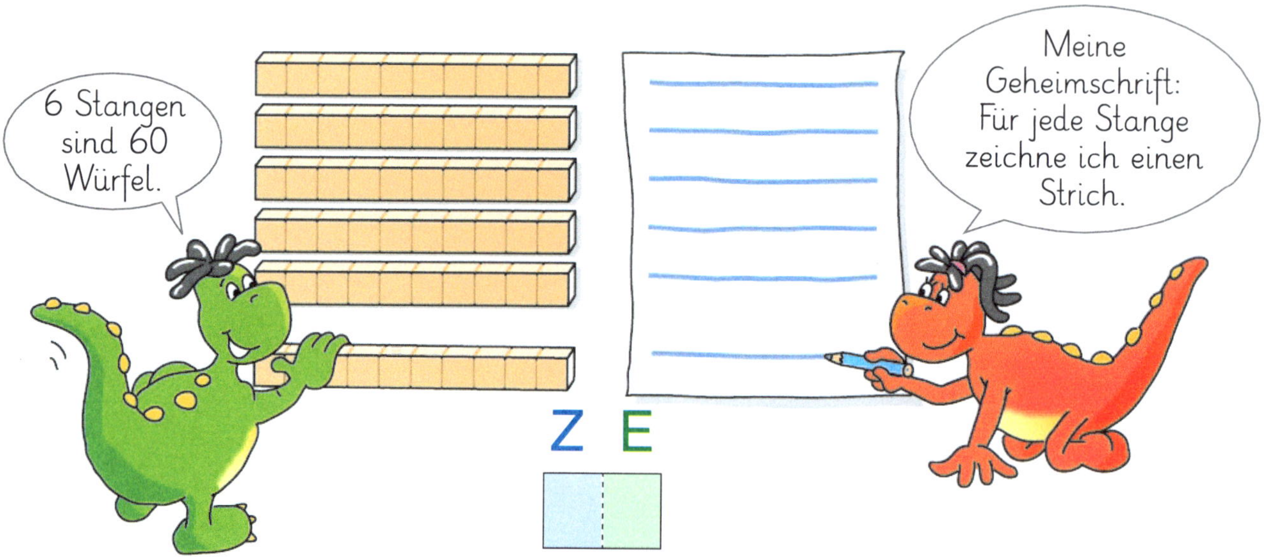

2

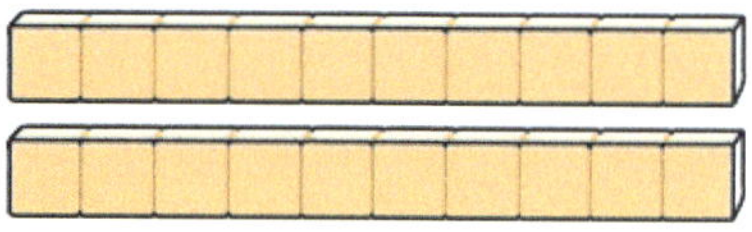

Z E

3

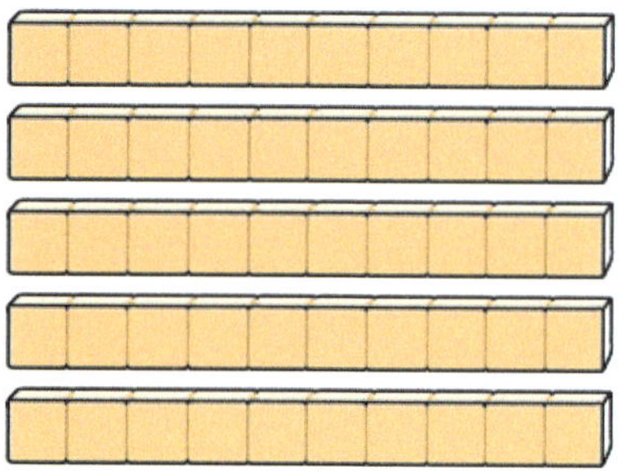

Z E

4

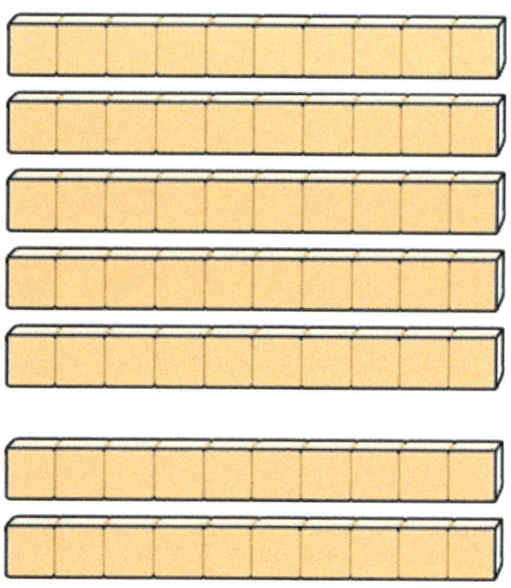

Z E

1 Zum Bild erzählen.
2 bis 4 Geheimschrift: Für jede gelegte Stange einen Strich zeichnen, dann Zahl eintragen.

1

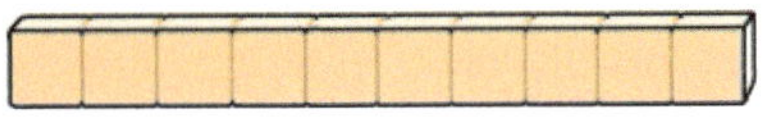

Z E

2

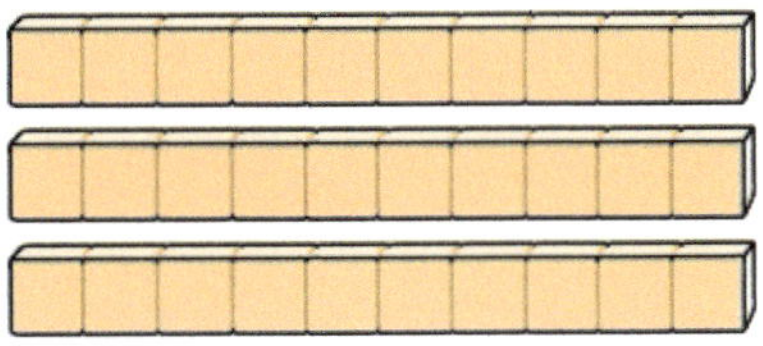

Z E

3

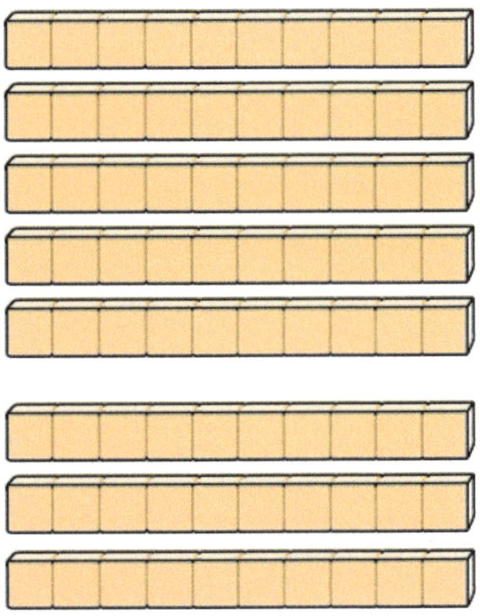

Z E

4

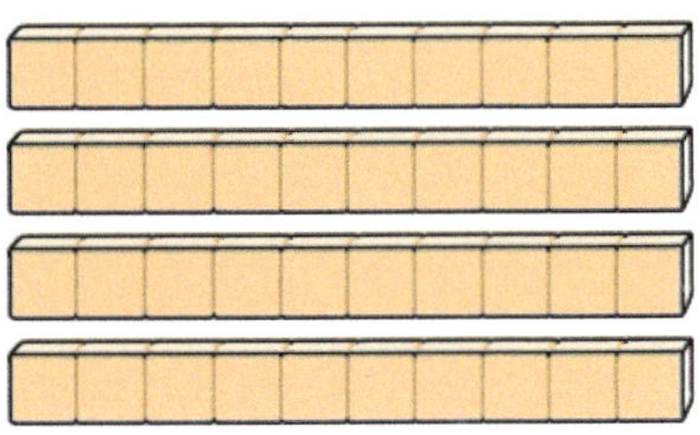

Z E

5

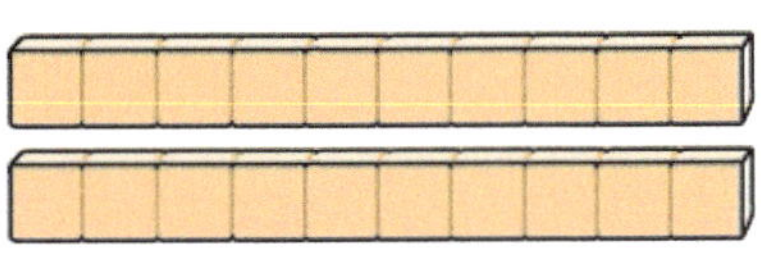

Z E

1 bis 5 Geheimschrift: Für jede gelegte Stange einen Strich zeichnen, dann Zahl eintragen.

Welche Zehnerzahl ist es am Zahlenstrahl?

1

2

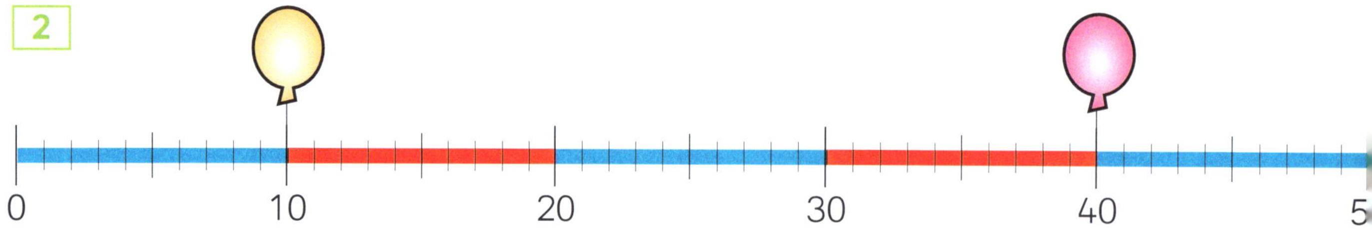

3

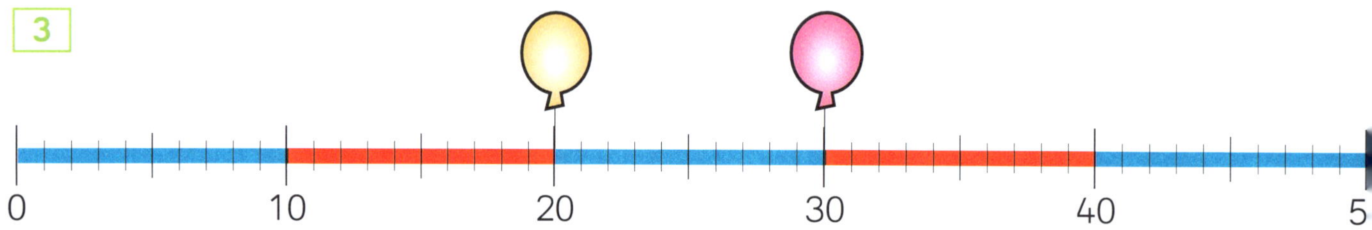

4

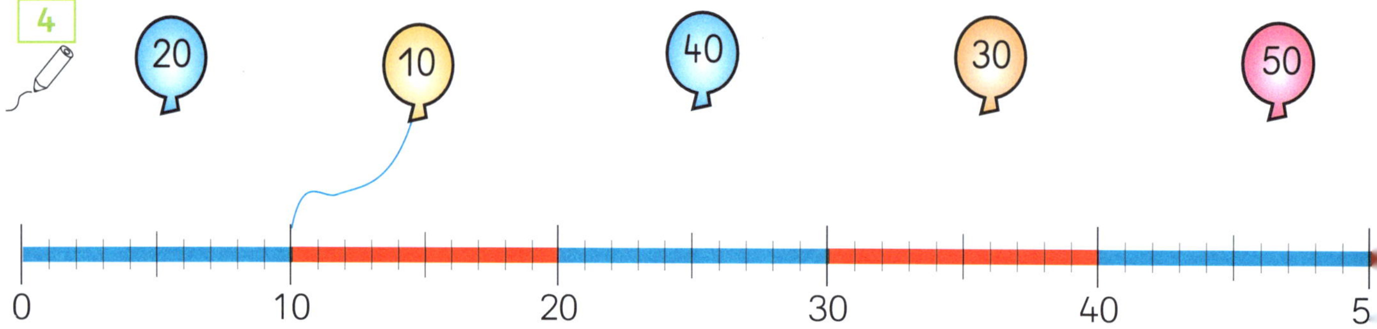

5 | 0 | 10 | 20 | | | | |

6 | 10 | 20 | 30 | | | | |

7 | 40 | 50 | 60 | | | | |

1 bis 3 Passende Zehnerzahlen in die Ballons eintragen. 4 Zehnerzahlen dem Zahlenstrahl zuordnen.
5 bis 7 Zahlenfolge ergänzen.

Welche Zehnerzahl ist es am Zahlenstrahl?

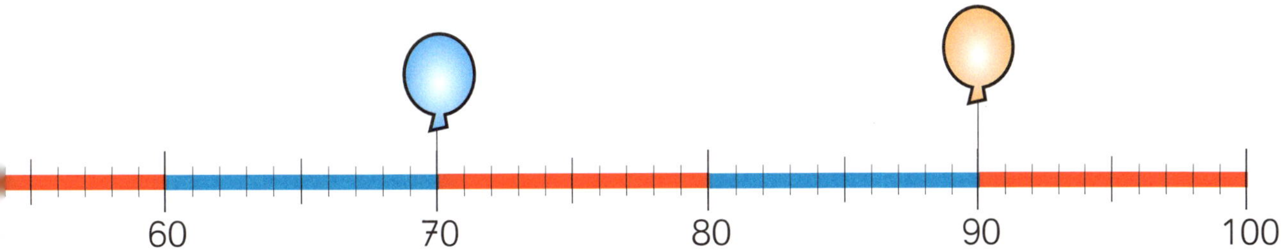

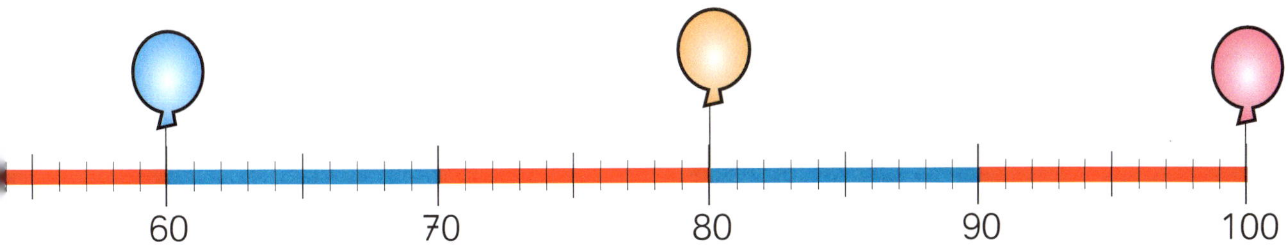

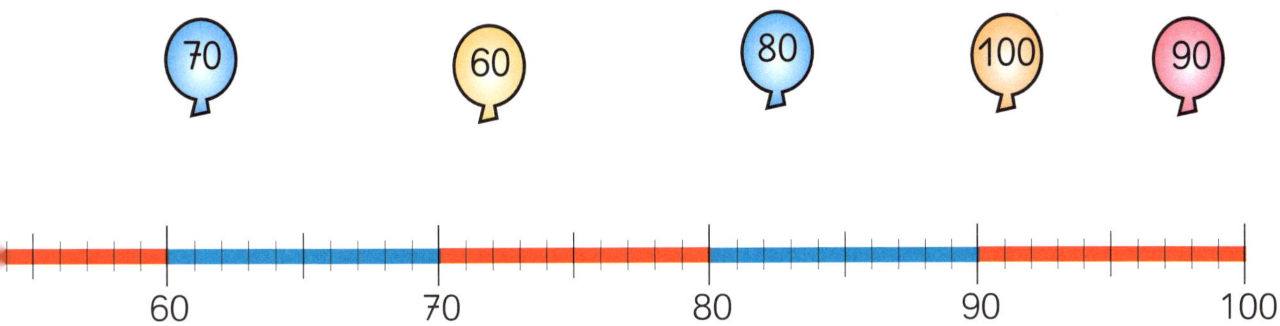

8 ☐ – ☐ – ☐ – ☐ – 80 – 90 – 100

9 ☐ – ☐ – ☐ – ☐ – 70 – 80 – 90

10 ☐ – ☐ – ☐ – ☐ – 50 – 60 – 70

8 bis 10 Zahlenfolge ergänzen.

Bündeln

1

2

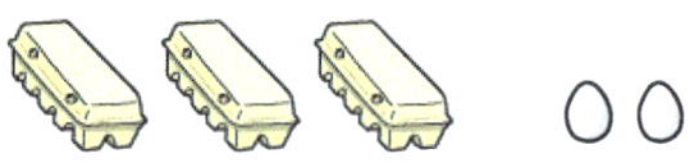

3 2

Zehner Einer

3	2

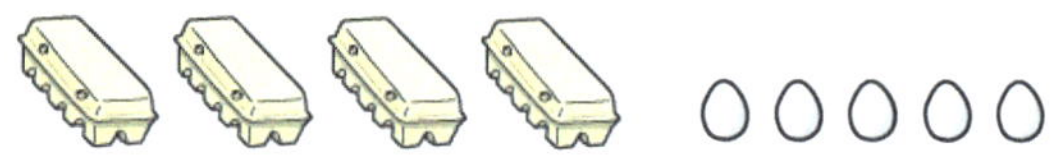

Zehner Einer

3

Zehner Einer

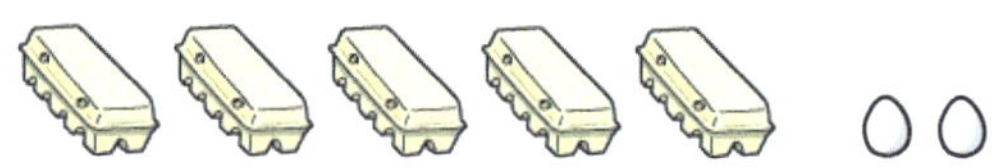

Zehner Einer

1 Vorschlag zum Handeln: Eier o. a. in Eierkartons bündeln.
2 und 3 Einer-/Zehnerkarten (Beilage) passend zum Bild legen. Zahl eintragen.

1 

Z	E

2 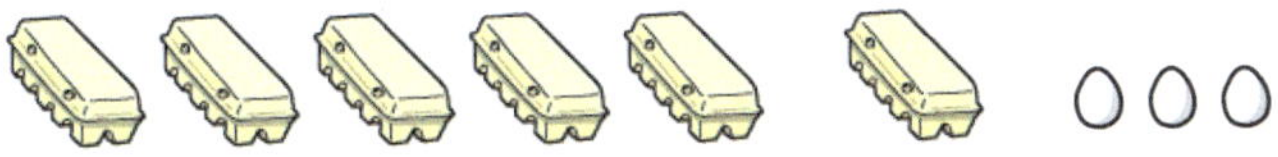

Z	E

3 

Z	E

4 

Z	E

5 

Z	E

6 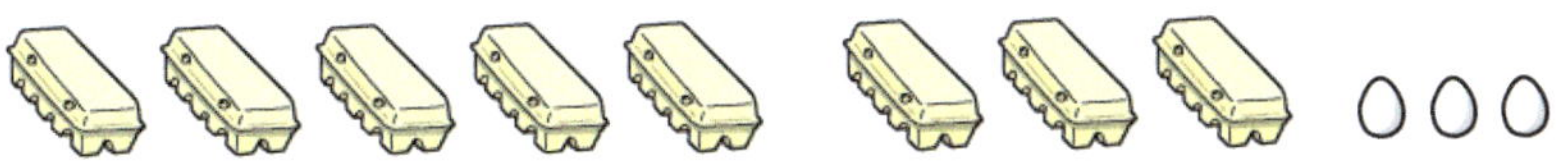

Z	E

7 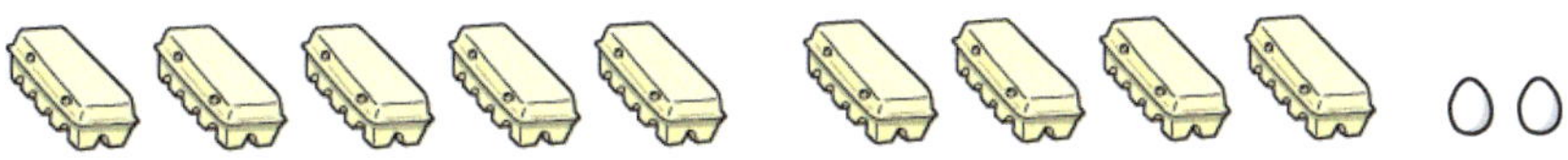

Z	E

1 bis 7 Zuerst Zahlen mit Einer-/Zehnerkarten (Beilage) legen, dann Zahlen eintragen.

Zehnerkartons und Einer

1

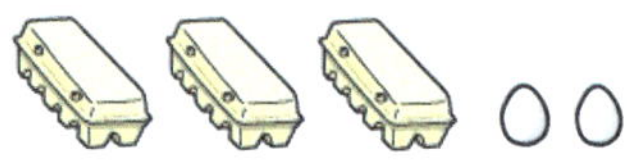

Zehner Einer

3 2

3	Z	+	2	E	=	3	2
3	0	+	2		=	3	2

2

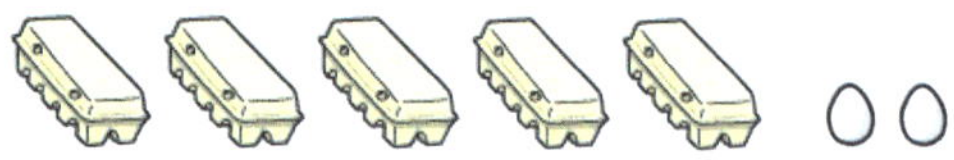

5	Z	+		E	=		
		+			=		

3

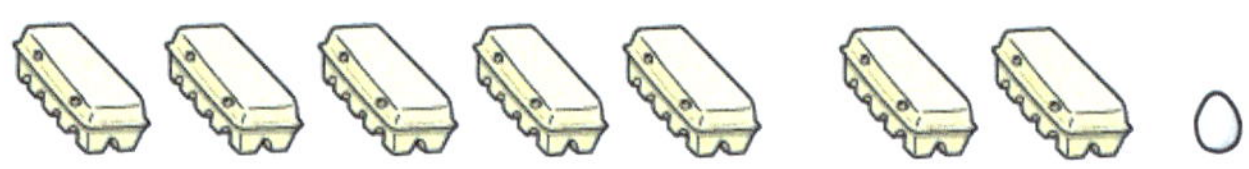

	Z	+		E	=		
		+			=		

4

	Z	+		E	=		
		+			=		

5

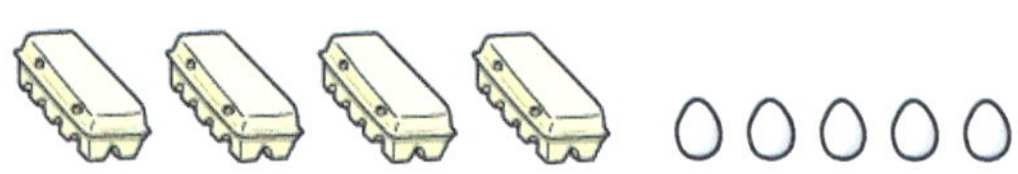

	Z	+		E	=		
		+			=		

6

	Z	+		E	=		
		+			=		

1 Erzählen. Zahl mit Einer-/Zehnerkarten (Beilage) legen. 2 bis 6 Zuerst Zahl mit Zahlenkarten legen, dann Zehner und Einer eintragen. Anschließend Aufgabe (Zehner- und Einerzahl) schreiben. Zahl lesen.

1

	Z	+		E	=		
		+			=		

2

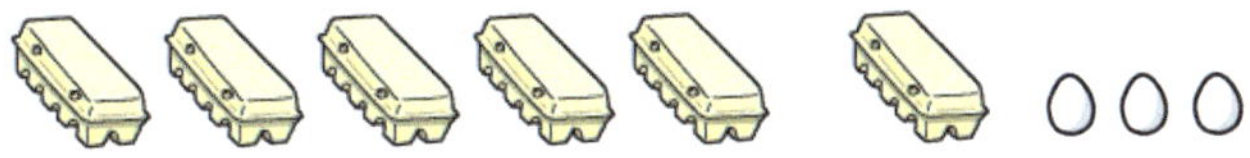

	Z	+		E	=		
		+			=		

3

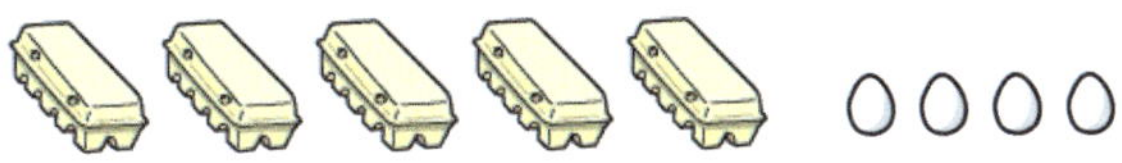

	Z	+		E	=		
		+			=		

4

	Z	+		E	=		
		+			=		

5

	Z	+		E	=		
		+			=		

6

	Z	+		E	=		
		+			=		

7

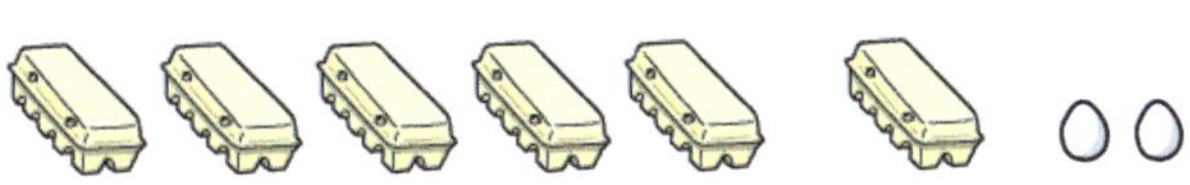

	Z	+		E	=		
		+			=		

1 bis 7 Zuerst Zahl mit Einer-/Zehnerkarten (Beilage) legen, dann Zehner und Einer eintragen. Anschließend Aufgabe (Zehner- und Einerzahl) schreiben. Zahl lesen.

Zehnerstangen und Einer

1

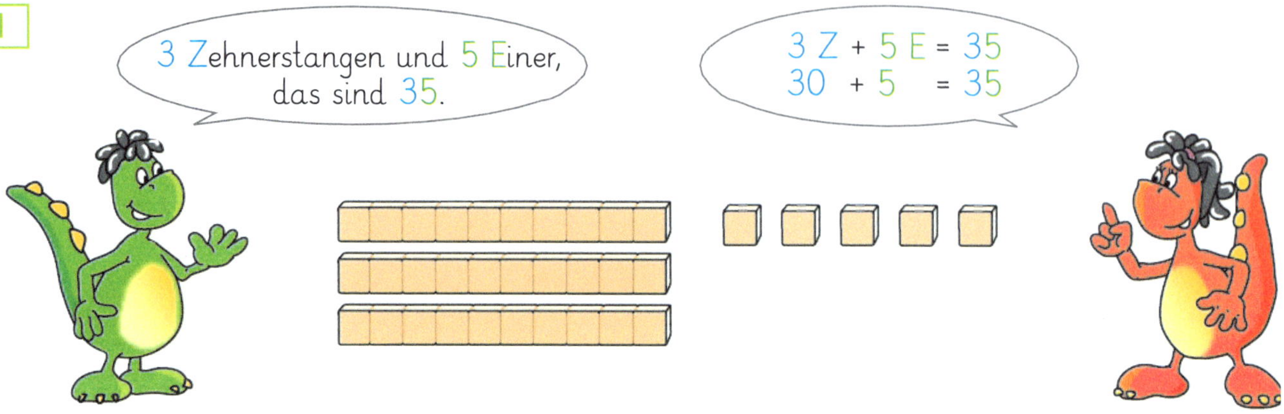

2

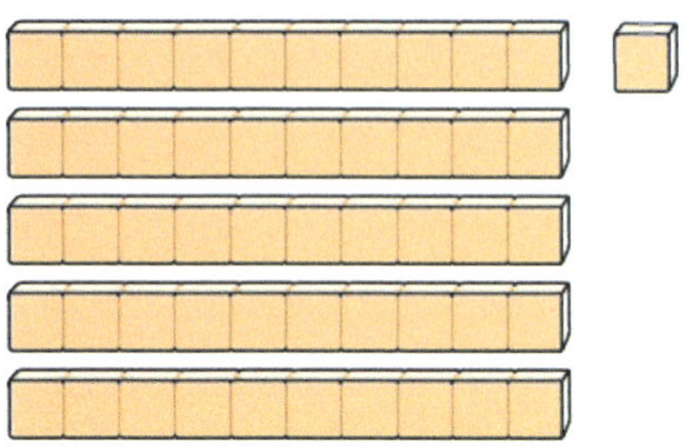

5 Z + 1 E = ______

50 + 1 = ______

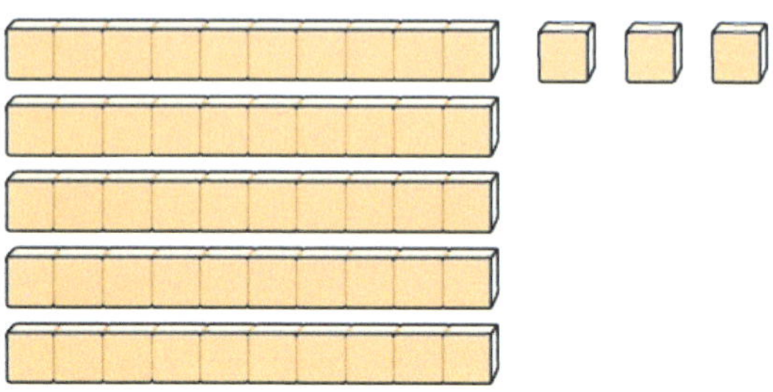

___ Z + ___ E = ______

______ + ___ = ______

3

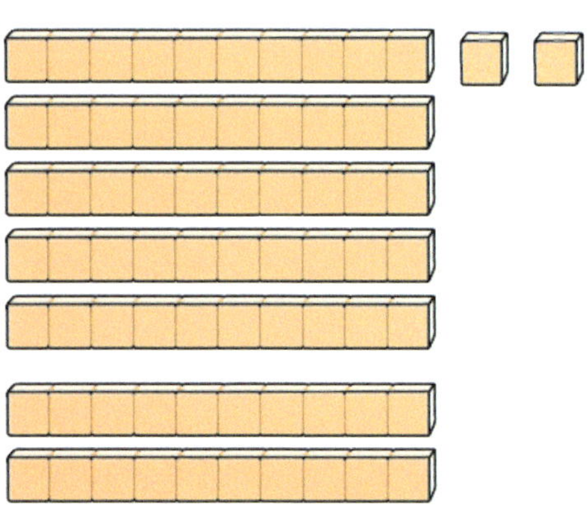

___ Z + ___ E = ______

______ + ___ = ______

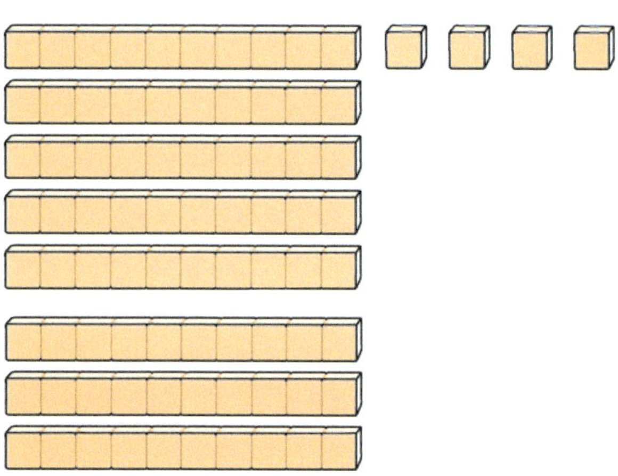

___ Z + ___ E = ______

______ + ___ = ______

1

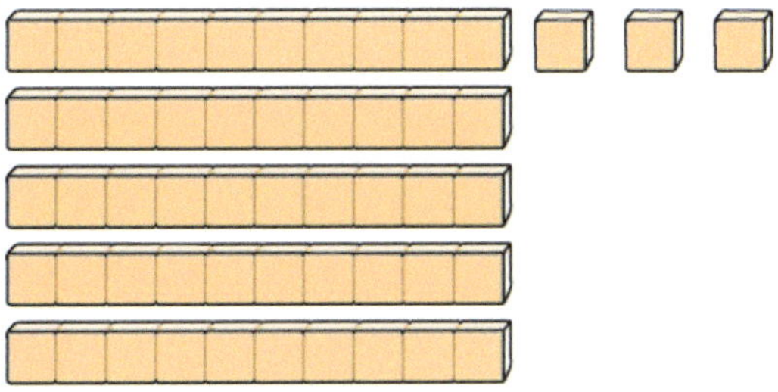

___ Z + ___ E = ______

______ + ___ = ______

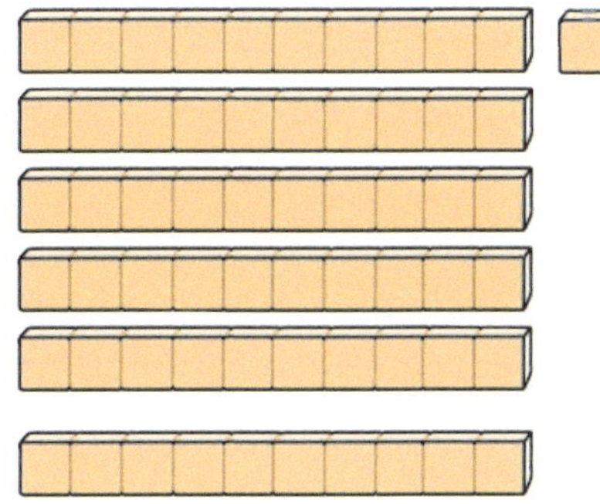

___ Z + ___ E = ______

______ + ___ = ______

2

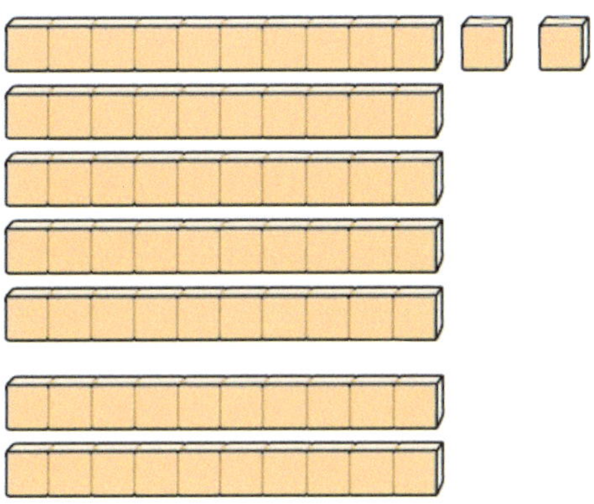

___ Z + ___ E = ______

______ + ___ = ______

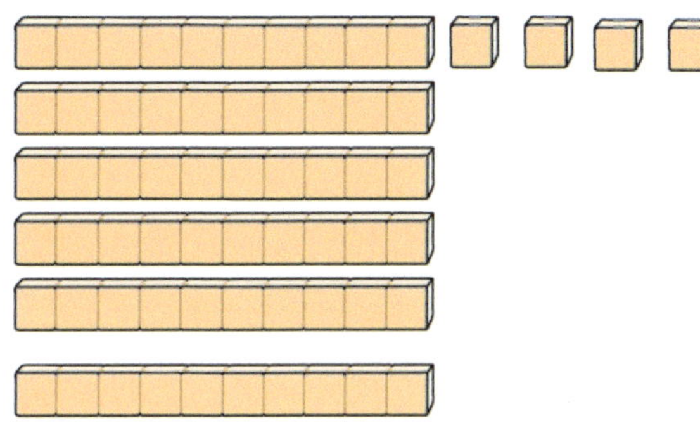

___ Z + ___ E = ______

______ + ___ = ______

3

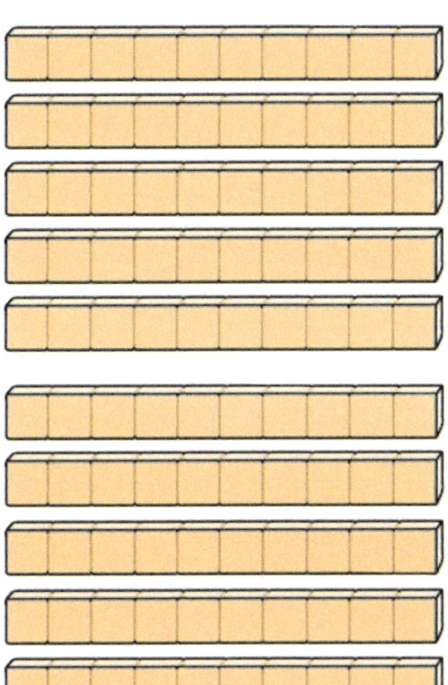

___ Z + ___ E = ______

______ + ___ = ______

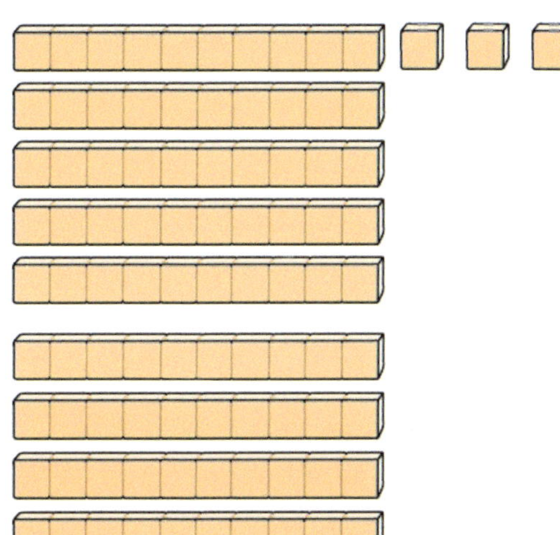

___ Z + ___ E = ______

______ + ___ = ______

Geheimschrift

1

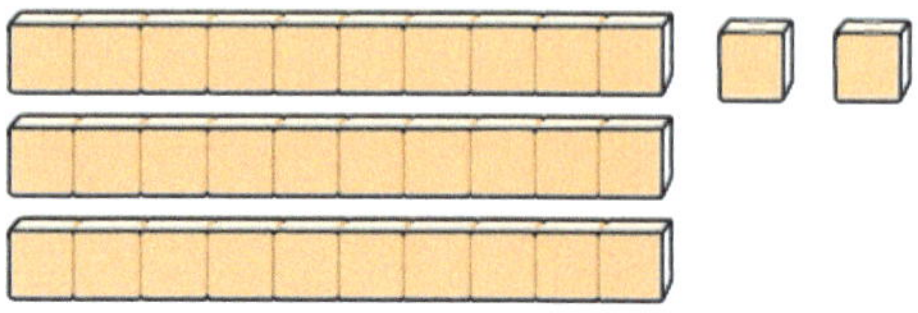

3 Z + 2 E = 3 2

3 0 + 2 = ____

2

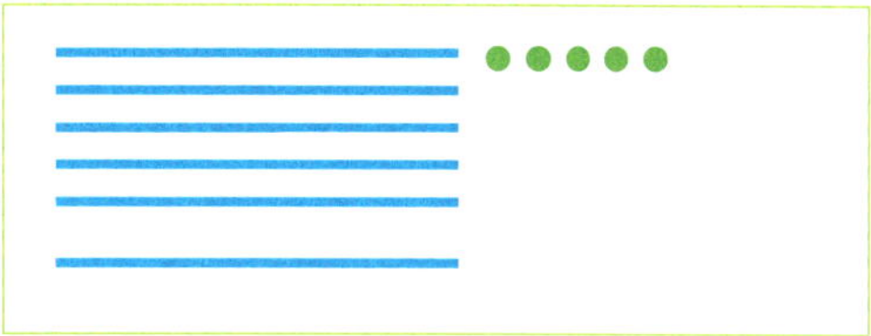

6 Z + 5 E = ____

6 0 + 5 = ____

3

__ Z + __ E = ____

____ + __ = ____

__ Z + __ E = ____

____ + __ = ____

4

__ Z + __ E = ____

____ + __ = ____

__ Z + __ E = ____

____ + __ = ____

5

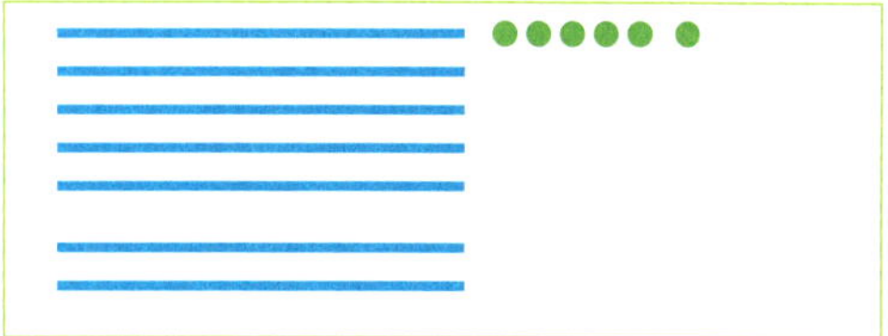

__ Z + __ E = ____

____ + __ = ____

__ Z + __ E = ____

____ + __ = ____

1

5 Z + 3 E = ____

50 + 3 = ____

4 Z + 8 E = ____

____ + ___ = ____

2

7 Z + 5 E = ____

____ + ___ = ____

6 Z + 4 E = ____

____ + ___ = ____

3

8 Z + 2 E = ____

____ + ___ = ____

9 Z + 6 E = ____

____ + ___ = ____

Was gehört zusammen?

	Geheimschrift	Aufgabe	Zahl
1	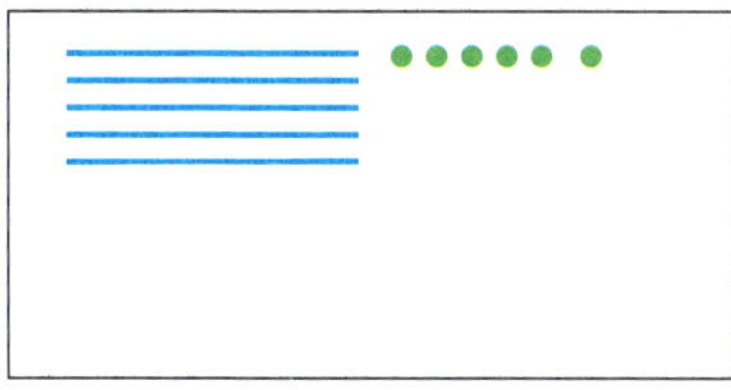	60 + 8	79
	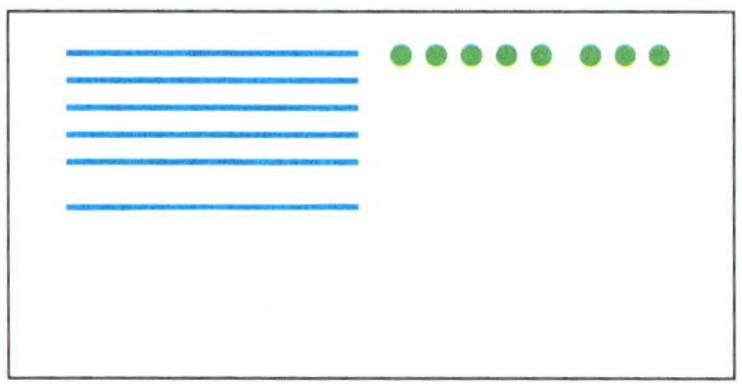	40 + 7	68
		70 + 9	56
	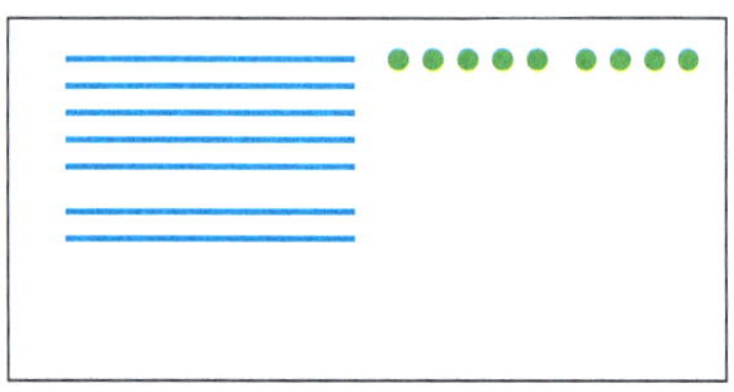	50 + 6	47
2	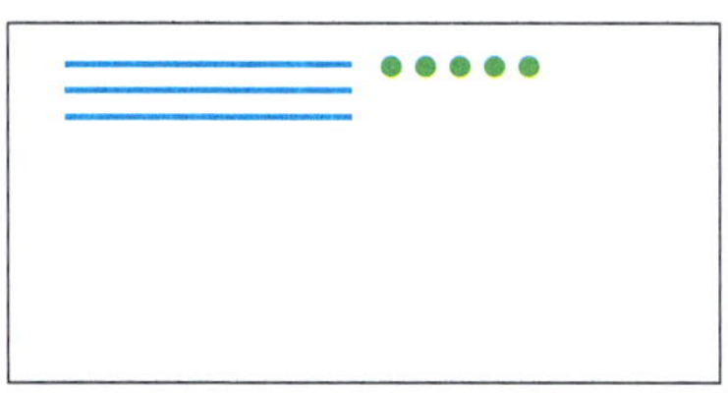	40 + 2	84
	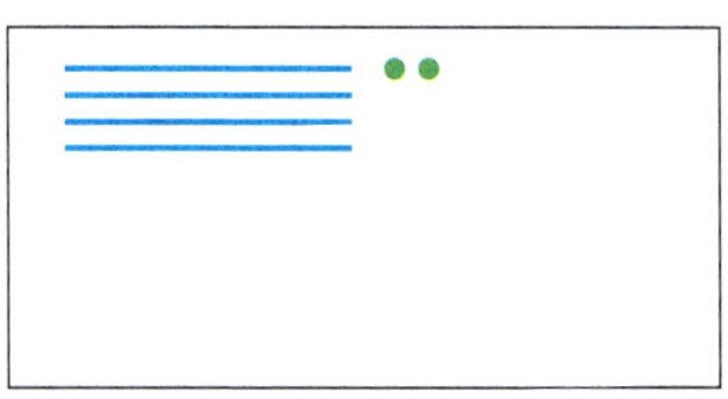	30 + 5	96
	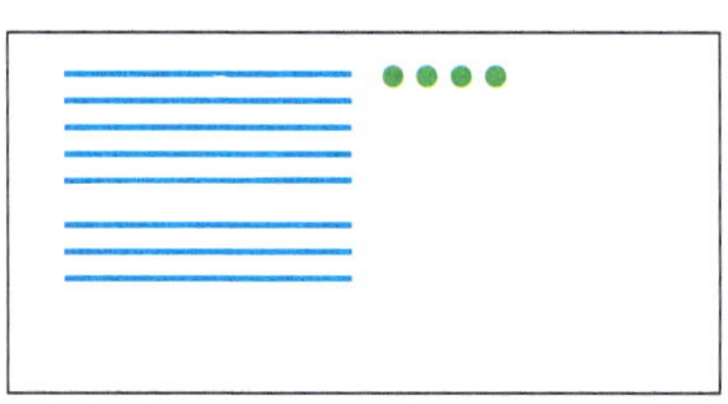	80 + 4	42
	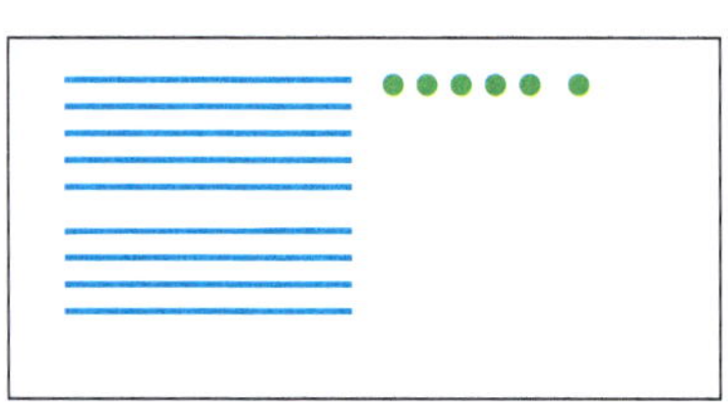	90 + 6	35

1 und 2 Geheimschrift mit der passenden Aufgabe und Zahl verbinden.

Zehner-Karten

10	20	30
40	50	60
70	80	90

Einer-Karten

1	2	3	4
5	6	7	8
9	0	1	2
3	4	5	6
7	8	9	0

1

5 + 2 = ____ 12 + 1 = ____ 14 + 5 = ____

15 + 4 = ____ 2 + 5 = ____ 1 + 7 = ____

18 + 1 = ____ 11 + 6 = ____ 11 + 9 = ____

2

7 − 3 = ____ 15 − 3 = ____ 10 − 6 = ____

20 − 4 = ____ 13 − 2 = ____ 18 − 4 = ____

6 − 5 = ____ 4 − 4 = ____ 17 − 7 = ____

3

+ 3	
5	8
12	15
15	

− 2	
7	
14	
17	

4

+ 6	
4	
10	
13	

+ 5	
3	
13	
11	

+ 7	
12	
2	
10	

+ 4	
16	
13	
5	

5

− 3	
19	
18	
9	

− 2	
17	
4	
15	

− 8	
9	
18	
20	

− 7	
10	
20	
18	

1 bis 5 Bei Bedarf die Aufgabe mit zwei Stiften an der Rechenhilfe zeigen.
3 bis 5 Plus- und Minusaufgabe in den Rechenfenstern lösen.

Welche Zahl ist es am Zahlenstrahl?

1

2

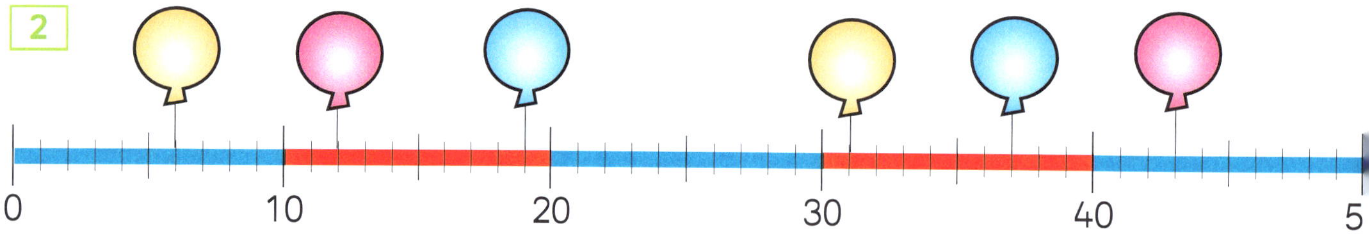

3

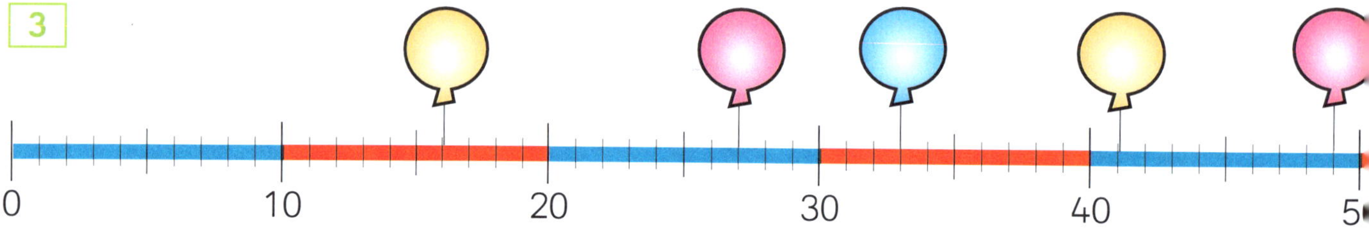

4

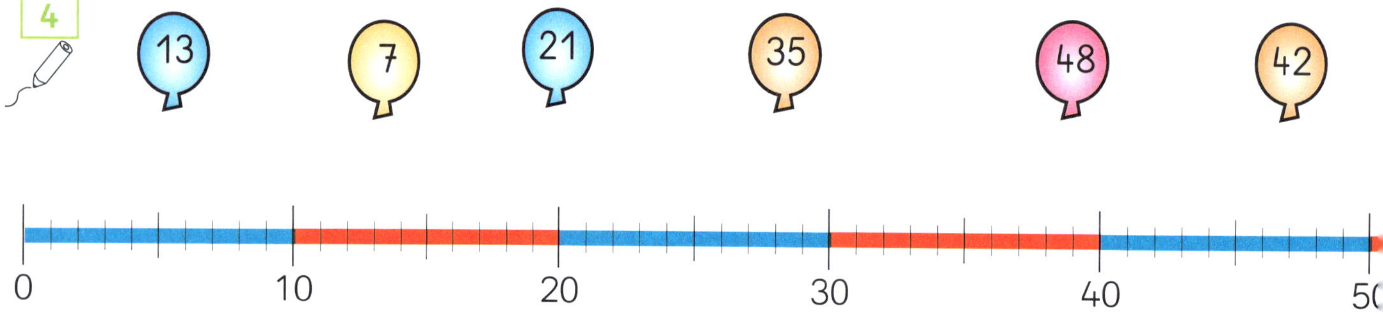

5

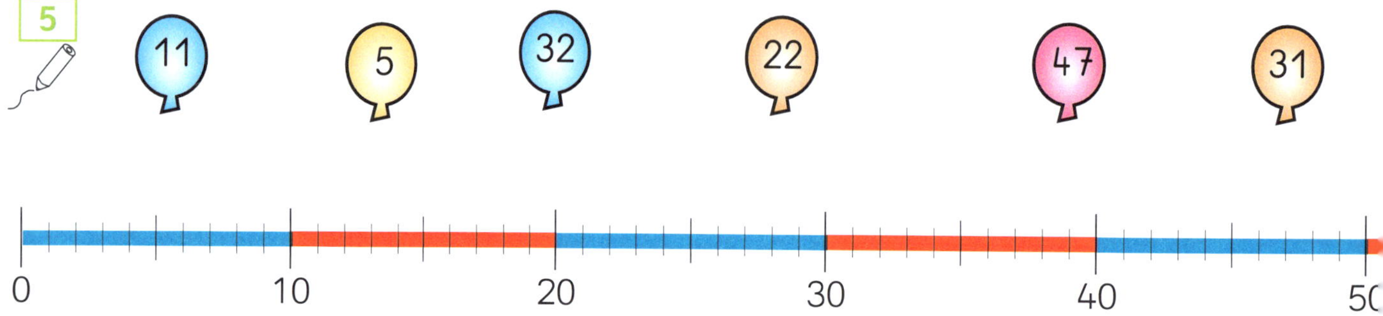

1 bis 3 Zahlen in die Ballons eintragen. 4 und 5 Ballons passend mit dem Zahlenstrahl verbinden.

Welche Zahl ist es am Zahlenstrahl?

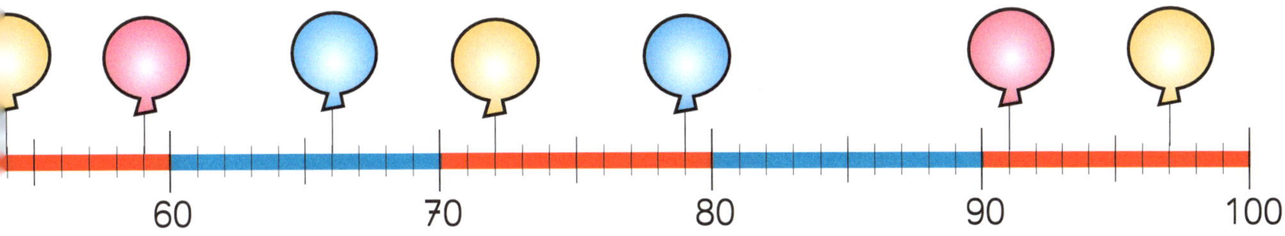

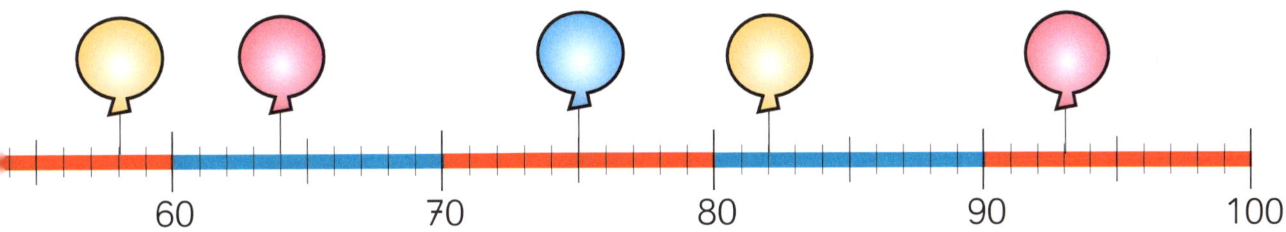

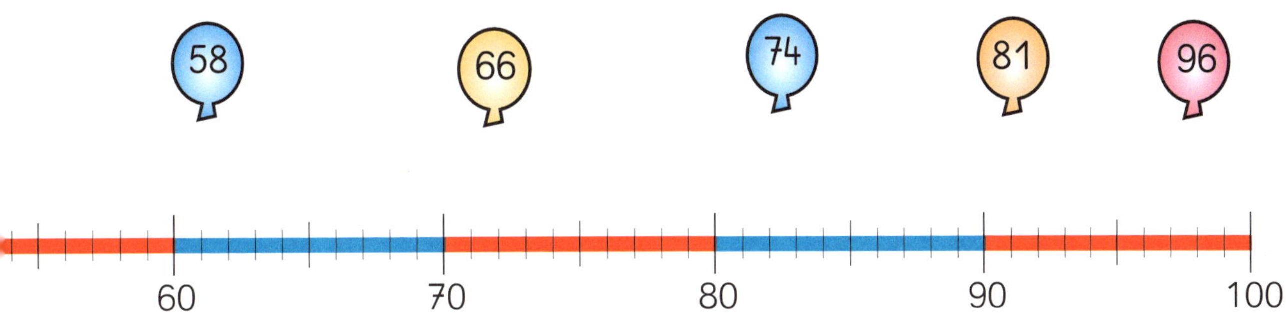

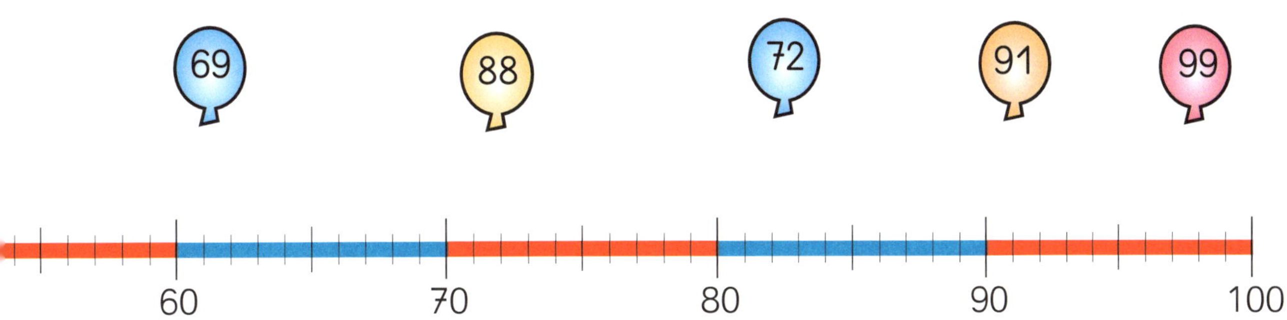

Zahlenreihe

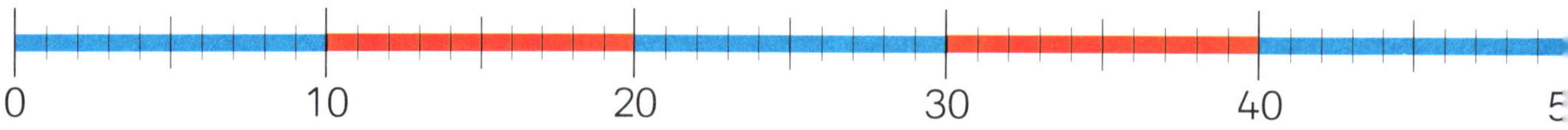

1

2

3

20	21	22					

4

42	43	44					

5

34	35	36					

6

27	28	29					

1 und 2 Fehlende Zahlen in der Kinderreihe eintragen. 3 bis 6 Zahlenfolge ergänzen.

1

2

Nr.								
3						96	97	98
4						62	63	64
5						69	70	71
6						83	84	85

1 und 2 Fehlende Zahlen in der Kinderreihe eintragen. 3 bis 6 Zahlenfolge ergänzen.

Vorgänger und Nachfolger

1 Vorgänger Zahl Nachfolger

Vorgänger Zahl Nachfolger

2 Vorgänger Zahl Nachfolger

Vorgänger Zahl Nachfolger

3

V	Zahl	N	V	Zahl	N	V	Zahl	N
	46			41			40	
	76			61			70	
	96			81			90	

1 bis 3 Vorgänger – Zahl – Nachfolger vervollständigen. Sich an der oberen Kinderreihe orientieren.

1 – 2 – 3 – 4 – 5 – 6 – 7 – 8 – 9 – 10 – 11 – 12 – 13 – 14 – 15 – 16 – 17 – 18 – 19 – 20 – 21 – 22 – 23 – 24 – 25 – 26 – 27 – 28 – 29 – 30 – 31 – 32 – 33 – 34 – 35 – 36 – 37 – 38 – 39 – 40 – 41 – 42 – 43 – 44 – 45 – 46 – 47 – 48 – 49 – 50 – 51 – 52 – 53 – 54 – 55 – 56 – 57 – 58 – 59 – 60 – 61 – 62 – 63 – 64 – 65 – 66 – 67 – 68 – 69 – 70 – 71 – 72 – 73 – 74 – 75 – 76 – 77 – 78 – 79 – 80 – 81 – 82 – 83 – 84 – 85 – 86 – 87 – 88 – 89 – 90 – 91 – 92 – 93 – 94 – 95 – 96 – 97 – 98 – 99 – 100

1

V	Zahl	N
	10	
	18	
	23	

V	Zahl	N
	27	
	30	
	33	

2

V	Zahl	N
	35	
	39	
	44	

V	Zahl	N
	48	
	51	
	59	

3

V	Zahl	N
61		
64		
69		

V	Zahl	N
71		
76		
80		

4

V	Zahl	N
		82
		85
		89

V	Zahl	N
		91
		95
		100

1 bis 4 Vorgänger – Zahl – Nachfolger vervollständigen.

Größer – kleiner

1

4 0	>	3 0

40 ist größer als 30

2

	<	

20 ist kleiner als 70

3

4

5

1 bis 5 Die in Geheimschrift geschriebenen Zahlen eintragen, dann Größer-/Kleiner-Zeichen einsetzen.

57	<	68

1

27		36
45		43
87		78
20		80
36		41

83		80
32		23
45		54
64		65

16		18
14		20
13		17
11		15
19		12

2

62		61
18		81
52		42
86		90
34		52

7		49
28		82
50		20
59		51
37		39

41		24
52		51
63		36
24		4
48		84

3

25		50
73		72
92		95
20		10
62		26

9		11
19		17
30		60
80		8
15		20

61		60
56		59
28		38
11		12
36		28

1 bis 3 Hinweis: Beide Zahlen am Rechenstrich zeigen, dabei zeigt die linke Hand immer die kleinere Zahl. Größer-/Kleiner-Zeichen einsetzen.

Zahlen lesen und schreiben

1

37

2

siebenundfünfzig		einundneunzig	
sechsundachtzig		fünfundsechzig	
dreiundvierzig		vierundsiebzig	
zweiundsechzig		achtundneunzig	

3

dreiundsechzig	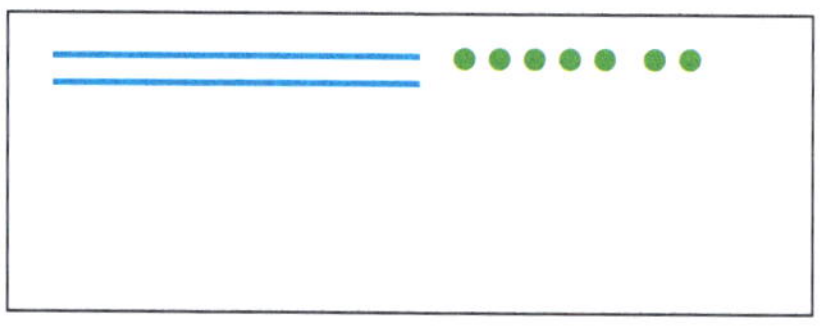	38
achtunddreißig	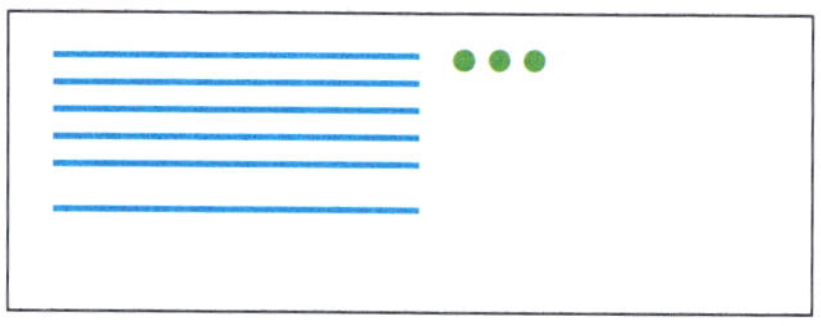	27
einundvierzig	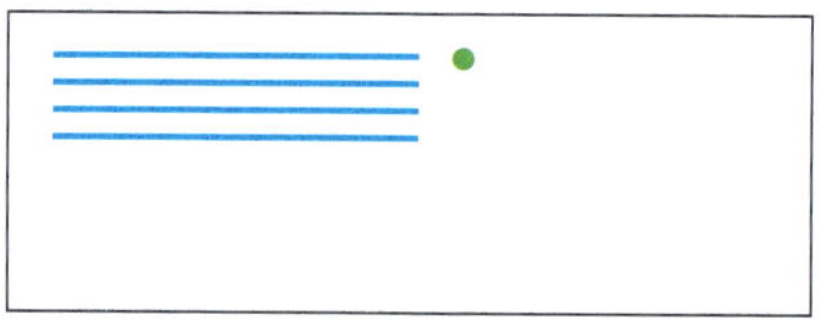	63
siebenundzwanzig	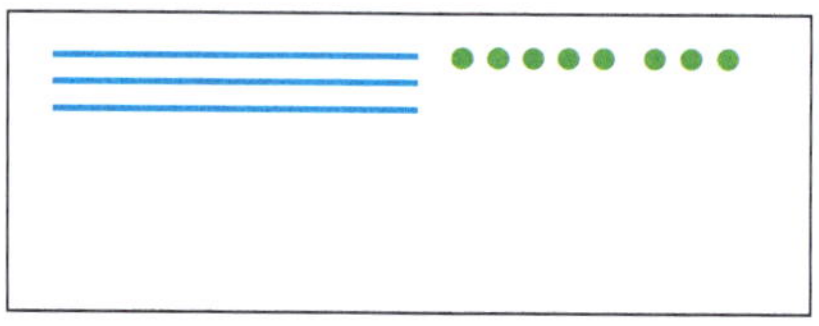	41

1 Schreib- und Sprechweise der Zahl vergleichen. 2 Zahl lesen und in das Feld schreiben. Zuerst den Zehner, dann den Einer. 3 Zahlwort mit passender Geheimschrift und Zahl verbinden.

1

6 + 5 = ___ 4 + 7 = ___ 6 + 6 = ___

8 + 3 = ___ 9 + 5 = ___ 7 + 7 = ___

9 + 4 = ___ 8 + 6 = ___ 8 + 8 = ___

2

15 − 6 = ___ 11 − 3 = ___ 16 − 8 = ___

11 − 5 = ___ 13 − 5 = ___ 12 − 3 = ___

12 − 4 = ___ 15 − 7 = ___ 11 − 4 = ___

3

− 5	
14	9
11	6
12	

+ 7	
4	
6	
5	

4

− 5	
13	
11	
14	

− 6	
12	
15	
14	

− 4	
11	
13	
12	

− 9	
16	
14	
17	

5

+ 7	
8	
5	
7	

+ 8	
5	
8	
9	

+ 4	
8	
7	
9	

+ 5	
9	
6	
8	

1 bis 5 Bei Bedarf die Aufgabe mit zwei Stiften an der Rechenhilfe zeigen.
3 bis 5 Plus- und Minusaufgaben in den Rechenfenstern lösen.

Zahlenbild von 1 bis 100